宋词

三百首精选

楷书行书

田英章 书

上海交通大学 出版社

SHANGHAI JIAO TONG UNIVERSITY PRESS

图书在版编目（CIP）数据

宋词三百首精选：楷书、行书/田英章书. —上海：上海交通大学
出版社，2016（2018重印）
ISBN 978-7-313-15756-0

Ⅰ.①宋... Ⅱ.①田... Ⅲ.①硬笔字–楷书–法帖②硬笔字–行书–法帖
Ⅳ.①J292.12

中国版本图书馆 CIP 数据核字（2016）第 202897 号

宋词三百首精选：楷书、行书
田英章　书

出版发行：上海交通大学出版社		地　　址：上海市番禺路 951 号		
邮政编码：200030		电　　话：021-64071208		
出版人：谈　毅				
印　　刷：成都市火炬印务有限公司		经　　销：全国新华书店经销		
开　　本：787mm×1092mm　1/16		印　　张：9		
字　　数：72 千字				
版　　次：2016 年 9 月第 1 版		印　　次：2018 年 2 月第 4 次印刷		
书　　号：ISBN　978-7-313-15756-0				
定　　价：15.00 元				

渔家傲

范仲淹

塞下秋来风景异，衡阳雁去无留意。四面边声连角起，千嶂里，长烟落日孤城闭。

浊酒一杯家万里，燕然未勒归无计。羌管悠悠霜满地，人不寐，将军白发征夫泪。

苏幕遮 怀旧

范仲淹

碧云天，黄叶地，秋色连波，波上寒烟翠。山映斜阳天接水，芳草无情，更在斜阳外。

黯乡魂，追旅思

怕登楼。年事梦中休，花

空烟水流。燕辞归、客尚淹长

留。垂柳不萦裙带住，谩长

是、系行舟。

风入松

吴文英

听风听

雨过清明，愁损携

草瘗花铭楼前绿暗分携

路，一丝柳一寸柔情。料峭

春寒中酒，交加晓梦啼莺。

西园日日扫林亭，依旧

赏新晴。黄蜂频扑秋千索，

有当时、纤手香凝。惆怅双

鸳不到，幽阶一夜苔生。

夜夜除非，好梦留人睡。明月楼高休独倚，酒入愁肠，化作相思泪。

浣溪沙

晏殊

一曲新词酒一杯，去年天气旧亭台。夕阳西下几时回？无可奈何花落去，似曾相识燕归来。小园香径独徘徊。

清平乐

晏殊

红笺小字，说尽平生意。鸿雁在云鱼在水，惆怅

词　又称曲子词、乐府、乐章、长短句、诗余、琴趣等。其特点是：调有定格、句有定数、字有定声。词始于唐代，定型于五代，以两宋成就最高。

宋词百科

谁针线。点点行行泪痕满。

落日解鞍芳草岸。花无人

戴，酒无人劝醉也无人管。

霜天晓角　梅

萧泰来

千霜万

雪。受尽寒磨

折。赖是生来瘦硬浑不怕

角吹彻。清绝影也别。知

心惟有月原没春风情性，

如何共、海棠说

唐多令

吴文英

何处合心

成愁，离人心

上秋纵芭蕉不雨也飕飕

都道晚凉天气好有明月，

此情难寄。斜阳独倚西楼，遥山恰对帘钩。人面不知何处，绿波依旧东流。

玉楼春

晏殊

绿杨芳草长亭路，年少抛人容易去。楼头残梦五更钟，花底离愁三月雨。

无情不似多情苦，一寸还成千万缕。天涯地角有穷时，只有相思无尽处。

木兰花

宋祁

东城渐觉风光好，縠皱波纹迎客棹。绿杨烟外

秦楼月

范成大

楼阴缺，栏干影卧东厢月。东厢月，一天风露，杏花如雪。

隔烟催漏金虬咽，罗帏暗淡灯花结。灯花结，片时春梦，江南天阔。

青玉案

无名氏

年年社日停针线，怎忍见、双飞燕。今日江城春已半，一身犹在，乱山深处，寂寞溪桥畔。

春衫著破

《秦楼月》，词牌名。双调，仄韵格，四十六字。该词牌名最早见李白"秦娥梦断秦楼月"一句。别名甚多，有《忆秦娥》、《玉交枝》、《碧云深》、《双荷叶》等。

《青玉案》，词牌名，取于东汉张衡《四愁诗》："美人赠我锦绣缎，何以报之青玉案"一诗。又名《横塘路》、《西湖路》。双调六十七字。辛弃疾、贺铸、黄公绍、李清照等人都写过《青玉案》。

宋词百科

晓 寒 轻, 红 杏 枝 头 春 意 闹。

浮 生 长 恨 欢 娱 少, 肯 爱

千 金 轻 一 笑。 为 君 持 酒 劝

斜 阳, 且 向 花 间 留 晚 照。

浣溪沙
欧阳修

堤 上 游

人 逐 画 船 拍

堤 春 水 四 垂 天 绿 杨 楼 外

出 秋 千。 白 发 戴 花 君 莫

笑, 六 幺 催 拍 盏 频 传 人 生

何 处 似 尊 前!

踏莎行
欧阳修

候 馆 梅

残, 溪 桥 柳 细,

草 薰 风 暖 摇 征 辔。 离 愁 渐

永遇乐

李清照

落日熔金，暮云合璧，人在何处？染柳烟浓，吹梅笛怨，春意知几许！元宵佳节，融和天气，次第岂无风雨？来相召，香车宝马，谢他酒朋诗侣。

中州盛日，闺门多暇，记得偏重三五。铺翠冠儿，撚金雪柳，簇带争济楚。如今憔悴，风鬟霜鬓，怕见夜间出去。不如向、帘儿底下，听人笑语。

这首词以元宵灯节为题材，除了运用今昔对比与丽景哀情相映的手法外，还有意识地将浅显平易而富表现力的口语与锤炼精工的书面语交错融合，造成一种雅俗相济、俗中见雅、雅不避俗的特殊语言风格。

经典赏析

远渐无穷,迢迢不断如春

水。 寸寸柔肠,盈盈粉泪,

楼高莫近危阑倚。平芜尽

处是春山,行人更在春山

外。

蝶恋花

欧阳修

柳堆烟,帘幕无重数。玉勒

雕鞍游冶处,楼高不见章

台路。 雨横风狂三月暮,

门掩黄昏,无计留春住。泪

眼问花花不语,乱红飞过

秋千去。

声声慢

李清照

寻寻觅觅，冷冷清清，凄凄惨惨戚戚。乍暖还寒时候，最难将息。三杯两盏淡酒，怎敌他、晚来风急！雁过也，正伤心，却是旧时相识。

满地黄花堆积，憔悴损，如今有谁堪摘？守着窗儿，独自怎生得黑！梧桐更兼细雨，到黄昏、点点滴滴。这次第，怎一个愁字了得！

李清照 号易安居士，山东省济南人。宋代杰出女词人，婉约词派代表，有"千古第一才女"之称。早期生活优裕，与夫赵明诚共同致力于书画金石的搜集整理。金兵入据中原时，流寓南方，境遇孤苦。故其所作词，前期多写悠闲生活，语新意隽、清新婉约；后期多悲叹身世、怀乡念旧，词境孤苦凄清。艺术上巧于构思，语言精巧，善用白描手法，比喻新颖，独出心裁。她提出词"别是一家"之说，反对以作诗文之法作词。其词创"易安体"，为宋词一家。

宋词百科

临江仙 欧阳修

柳外轻雷池上雨，雨声滴碎荷声。小楼西角断虹明。阑干倚处，待得月华生。燕子飞来窥画栋，玉钩垂下帘旌。凉波不动簟纹平。水精双枕，傍有堕钗横。

浪淘沙 欧阳修

把酒祝东风，且共从容，垂杨紫陌洛城东。总是当时携手处，游遍芳丛。聚散苦匆匆，此恨无穷。今

如梦令 李清照

昨夜雨疏风骤，浓睡不消残酒。试问卷帘人，却道"海棠依旧"。知否，知否？应是绿肥红瘦！

醉花阴 李清照

薄雾浓云愁永昼，瑞脑销金兽。佳节又重阳，玉枕纱厨，半夜凉初透。东篱把酒黄昏后，有暗香盈袖。莫道不销魂，帘卷西风，人比黄花瘦。

传说这首《醉花阴》是李清照寄给在外的赵明诚的。赵读后叹赏不已，又不甘拜下风，于是废寝忘食，作词50首，与这首词混杂，请朋友品评。朋友反复吟咏后说"只三句绝佳"，即：莫道不消魂，帘卷西风，人比黄花瘦。

趣话宋词

年 花 胜 去 年 红。可 惜 明 年

花 更 好,知 与 谁 同?

蝶恋花

柳 永

伫 倚 危

楼 风 细 细,望

极 春 愁,黯 黯 生 天 际。草 色

烟 光 残 照 里,无 言 谁 会 凭

阑 意。拟 把 疏 狂 图 一 醉,

对 酒 当 歌,强 乐 还 无 味。衣

带 渐 宽 终 不 悔,为 伊 消 得

人 憔 悴。

楷书技法

结构端庄:楷书因字赋形,或长或短,有正有斜,正斜适度,重心平稳。

手	手	年	年	乐	乐	带	带
里	里	同	同	阑	阑	图	图
为	为	匆	匆	芳	芳	残	残

扬州慢

姜夔

淮左名都,竹西佳处,解鞍少驻初程。过春风十里,尽荠麦青青。自胡马窥江去后,废池乔木,犹厌言兵。渐黄昏清角吹寒,都在空城。

杜郎俊赏,算而今重到须惊。纵豆蔻词工,青楼梦好,难赋深情。二十四桥仍在,波心荡,冷月无声。念桥边红药,年年知为谁生?

《扬州慢》为姜夔自度曲,是一首乱后感怀之作。上阕写初到扬州所见所闻,有虚有实;下阕写昔日繁华,反衬今日萧飒、冷落。胡马窥江,指金人侵犯扬州。杜郎,指杜牧。

经典赏析

雨霖铃

柳永

寒蝉凄切，对长亭晚，骤雨初歇。都门帐饮无绪，留恋处，兰舟催发。执手相看泪眼，竟无语凝噎。念去去，千里烟波，暮霭沉沉楚天阔。多情自古伤离别，更那堪，冷落清秋节！今宵酒醒何处？杨柳岸，晓风残月。此去经年，应是良辰好景虚设。便纵有千种风情，更与何人说？

柳永 原名三变，字景庄，后改名永，字耆卿，又称"柳七"、"柳屯田"。北宋著名词人，婉约词派代表性人物。其词在当时流传极广，人称"凡有井水饮处，皆能歌柳词"。

宋词百科

菩萨蛮 书江西造口壁

辛弃疾

郁孤台

下清江水中，西北望长

间多少行人泪。

安，可怜无数山。青山遮

不住，毕竟东流去。江晚正

愁余，山深闻鹧鸪。

点绛唇 丁未冬过吴松作

姜夔

燕雁无

心，太湖西畔

随云去。数峰清苦，商略黄

昏雨。第四桥边，拟共天

随住，今何许，凭栏怀古残

柳参差舞。

青山遮不住，毕竟东流去。　名句集锦

玉蝴蝶

柳　永

望　处　雨

收　云　断，　凭　阑

悄　悄，　目　送　秋　光　晚　景　萧　疏，

堪　动　宋　玉　悲　凉。　水　风　轻、　蘋

花　渐　老，　月　露　冷、　梧　叶　飘　黄。

遣　情　伤。　故　人　何　在，　烟　水　茫

茫。　　难　忘　文　期　酒　会，　几　孤

风　月，　屡　变　星　霜。　海　阔　山　遥，

未　知　何　处　是　潇　湘！　念　双　燕、

难　凭　远　信，　指　暮　天、　空　识　归

航。　黯　相　望。　断　鸿　声　里，　立　尽

斜　阳。

本词通过描绘萧疏、清幽的秋景，抒写了对朋友的思念。作者抓住了最典型的水风、蘋花、月露、梧叶，用"轻"、"老"、"冷"、"黄"四字衬托，交织成一幅冷清孤寂的秋光景物图。

经典赏析

一片神鸦社鼓。凭谁问：廉

颇老矣，尚能饭否？

青玉案　元夕

辛弃疾

东风夜

放花千树。更

吹落，星如雨。宝马雕车香

满路。凤箫声动，玉壶光转，

一夜鱼龙舞。蛾儿雪柳

黄金缕，笑语盈盈暗香去。

众里寻他千百度，蓦然回

首，那人却在，灯火阑珊处。

行书技法

实连法：落笔
一挥而就，笔画之
间有牵丝相连。注
意处理好实笔（笔
画）、虚笔（牵丝）间
的主次关系。

尚	尚	东	东	星	星	玉	玉
宝	宝	金	金	香	香	度	度
佛	佛	狸	狸	转	转	缕	缕

采莲令

柳永

月华收，云淡霜天曙。

西征客、此时情苦。翠娥执手送临歧，轧轧开朱户。千娇面、盈盈伫立，无言有泪，断肠争忍回顾。

一叶兰舟，便恁急桨凌波去。贪行色、岂知离绪，万般方寸，但饮恨脉脉同谁语。更回首、重城不见，寒江天外，隐隐两三烟树。

词的分类

1. 按照分段的多少，可分为单调、双调、三叠、四叠等。不分段的称为"单调"，分两段、三段、四段分别称为"双调"、"三叠"、"四叠"。段的学术语又称"片"或者"阕"。"片"即"遍"，指乐曲奏过一遍。"阕"是乐终的意思。

2. 按照字数的多少大致，词又可分为小令(58字以内)、中调(59~90字)、长调(91字以上)三类。

宋词百科

土！闲愁最苦。休去倚危栏，

斜阳正在，烟柳断肠处。

永遇乐 京口北固亭怀古

辛弃疾

千古江山，英雄无觅

孙仲谋处。舞榭歌台，风流

总被雨打风吹去。斜阳草

树，寻常巷陌，人道寄奴曾

住。想当年，金戈铁马，气吞

万里如虎。元嘉草草，封

狼居胥，赢得仓皇北顾。四

十三年，望中犹记，烽火扬

州路。可堪回首，佛狸祠下，

廉颇老矣 赵王想重新起用廉颇，便派使者去查看。郭开趁机贿赂使者，以诋毁廉颇。使者看到廉颇"一饭斗米，肉十斤，被甲上马"。回报说："廉将军虽老，尚善饭，然与臣坐，顷之三遗矢矣"。赵王因此不再起用廉颇。

典故链接

桂枝香

王安石

登临送
目，正故国晚
秋，天气初肃。千里澄江似
练，翠峰如簇。征帆去棹残
阳里，背西风酒旗斜矗。彩
舟云淡，星河鹭起，画图难
足。念往昔繁华竞逐，叹
门外楼头，悲恨相续。千古
凭高对此，谩嗟荣辱。六朝
旧事随流水，但寒烟衰草
凝绿。至今商女时时犹唱，
《后庭》遗曲。

词牌 词的格式的名称。词最初是配乐演唱的，填词一般是按照某种曲调的乐谱填制歌词。而曲调的名称如《菩萨蛮》、《念奴娇》等就叫做"词牌"，也叫"词调"。

宋词百科

如此！倩何人唤取，红巾翠
袖，揾英雄泪！

摸鱼儿
辛弃疾

更能消、
几番风雨？匆

匆春又归去。惜春长怕花
开早，何况落红无数。春且
住。见说道、天涯芳草无归
路。怨春不语。算只有殷勤，
画檐蛛网，尽日惹飞絮。
长门事，准拟佳期又误。蛾
眉曾有人妒。千金纵买相
如赋，脉脉此情谁诉？君莫
舞，君不见、玉环飞燕皆尘

清平乐　春晚
王安国

留春不住，费尽莺儿语。满地残红宫锦污，昨夜南园风雨。

小怜初上琵琶，晓来思绕天涯。不肯画堂朱户，春风自在杨花。

临江仙
晏几道

梦后楼台高锁，酒醒帘幕低垂。去年春恨却来时。落花人独立，微雨燕双飞。

记得小蘋初见，两重心字罗衣。琵琶弦上说相

晏几道　字叔原，号小山。晏殊第七子，出身名门贵族却仕途坎坷，潦倒又疏狂孤傲。其词多写一见钟情的爱恋与一厢情愿的凄苦，词风哀伤缠绵、清壮顿挫。与其父齐名，世称"二晏"。

宋词百科

著风和雨。 无意苦争春，

一任群芳妒。 零落成泥碾

作尘，只有香 如故。

水龙吟 登建康赏心亭

辛弃疾

楚天千

里清秋，水随

天去秋无际。 遥岑远目，献

愁供恨，玉簪螺髻。落日楼

头，断鸿声里，江南游子。把

吴钩看了，栏干拍遍，无人

会，登临意。 休说鲈鱼堪

脍，尽西风、季鹰归来？求田

问舍，怕应羞见，刘郎才气。

可惜流年，忧愁风雨，树犹

思。当时明月在，曾照彩云

归。

鹧鸪天
晏几道

彩袖殷

勤捧玉钟，当

年拼却醉颜红。舞低杨柳

楼心月，歌尽桃花扇影风。

从别后，忆相逢，几回魂

梦与君同？今宵剩把银钢

照，犹恐相逢是梦中。

生查子
晏几道

金鞭美

少年，去跃青

骢马，牵系玉楼人，绣被春

寒夜。消息未归来，寒食

渔家傲 寄仲高

陆游

东望山阴何处是？往来一万三千里。写得家书空满纸，流清泪，书回已是明年事。寄语红桥桥下水，扁舟何日寻兄弟？行遍天涯真老矣。愁无寐，鬓丝几缕茶烟里。

卜算子 咏梅

陆游

驿外断桥边，寂寞开无主。已是黄昏独自愁，更

经典赏析

《卜算子》为词牌名，"咏梅"为词题。词的上阕写梅花的艰难处境：驿外断桥，寂寞无主，黄昏已至，风雨交加，十分孤苦惨淡。下阕看似写梅花虽身处逆境，遭受嫉妒，却依旧香气如故的孤高品格，实则以梅花自喻，托梅寄志，表现了自己坚贞自守的品格。

梨花谢。无处说相思，背面
秋千下。

六幺令

晏几道

绿阴春
尽，飞絮绕香
阁。晚来翠眉宫样，巧把远
山学。一寸狂心未说，已向
横波觉。画帘遮匝。新翻曲
妙，暗许闲人带偷掐。前
度书多隐语，意浅愁难答；
昨夜诗有回文，韵险还慵
押。都待笙歌散了，记取留
时霎。不消红蜡闲云归后，
月在庭花旧栏角。

靖康耻，犹未雪。臣子恨，何

时灭！驾长车，踏破贺兰山

缺。壮志饥餐胡虏肉，笑谈

渴饮匈奴血。待从头收拾

旧山河，朝天阙。

忆王孙

李重元

萋萋芳

草忆王孙。柳

外高楼空断魂。杜宇声声

不忍闻。欲黄昏，雨打梨花

深闭门。

行书技法

虚连法： 一笔
一画独立存在，无
牵丝相连，但笔断
而意连，顾盼呼应。

头	头	血	血	闲	闲	旧	旧
孙	孙	河	河	壮	壮	忆	忆
忍	忍	志	志	芳	芳	空	空

留春令

晏几道

天屏画
约依回梦畔，
十洲云水。手撚红笺寄人
书写无限伤春事。浦别
高楼曾漫倚。对江南千里。
楼下分流水声中，有当日
凭高泪。

思远人

晏几道

黄叶红
千晚意秋花，
里念行客。飞云过尽，归鸿
无信，何处寄书得？泪弹

楷书技法

点画精微：楷书点画顿挫明显，点画精到，一笔不苟，一般不作简省。

约	约	流	流	秋	秋	处	处
念	念	过	过	尽	尽	意	意

夜游宫

周邦彦

叶下斜阳照水，卷轻浪、沈沈千里。桥上酸风射眸子。立多时，看黄昏，灯火市。古屋寒窗底，听几片、井桐飞坠。不恋单衾再三起。有谁知，为萧娘，书一纸。

满江红

岳飞

怒发冲冠，凭栏处、潇潇雨歇。抬望眼，仰天长啸，壮怀激烈。三十功名尘与土，八千里路云和月。莫等闲、白了少年头，空悲切。

不尽当窗滴。就砚旋研墨。

渐写到别来，此情深处，红

笺为无色。

水调歌头
苏轼

明月几

时有，把酒问

青天。不知天上宫阙，今夕

是何年。我欲乘风归去，又

恐琼楼玉宇，高处不胜寒。

起舞弄清影，何似在人间。

转朱阁，低绮户，照无眠。

不应有恨，何事长向别时

圆？人有悲欢离合，月有阴

晴圆缺，此事古难全。但愿

西河　金陵

周邦彦

佳丽地，南朝盛事谁记？山围故国绕清江，髻鬟对起。怒涛寂寞打孤城，风樯遥度天际。断崖树，犹倒倚，莫愁艇子曾系。空余旧迹郁苍苍，雾沉半垒。夜深月过女墙来，伤心东望淮水。酒旗戏鼓甚处市？想依稀王谢邻里。燕子不知何世；入寻常巷陌人家，相对如说兴亡，斜阳里。

豪放词派　豪放词派题材广阔，既有花间月下、男欢女爱，也有军情国事等重大题材。其特点是境界宏大、气势恢弘、不拘格律、崇尚直率。代表人物如苏轼、辛弃疾等。

宋词百科

人长久，千里共婵娟。

水龙吟　次韵章质夫杨花词

苏 轼

似花还

似非花，也无

人惜从教坠抛家傍路，思

量却是，无情有思。萦损柔

肠，困酣娇眼，欲开还闭。梦

随风万里，寻郎去处，又还

被莺呼起。　不恨此花飞

尽，恨西园、落红难缀。晓来

雨过，遗踪何在，一池萍碎。

春色三分，二分尘土，一分

流水。细看来，不是杨花，点

点是离人泪。

草，满城风絮，梅子黄时雨！

青门饮

时 彦

胡马嘶

风，汉旗翻雪，

彤云又吐，一竿残照古木

连空乱山无数，行尽暮沙

衰草。星斗横幽馆，夜无眠、

灯花空老。雾浓香鸭，冰凝

泪烛，霜天难晓。长记小

妆才了，一杯未尽离怀多

少。醉里秋波梦中，朝雨，都

是醒时烦恼。料有牵情处，

忍思量、耳边曾道甚时跃

马归来，认得迎门轻笑。

念奴娇　赤壁怀古

苏轼

大江东去，浪淘尽，千古风流人物。故垒西边，人道是三国周郎赤壁。乱石穿空，惊涛拍岸，卷起千堆雪。江山如画，一时多少豪杰。遥想公瑾当年，小乔初嫁了，雄姿英发。羽扇纶巾，谈笑间，樯橹灰飞烟灭。故国神游，多情应笑我，早生华发。人生如梦，一尊还酹江月。

　　《念奴娇》为词牌名，"赤壁怀古"为词题。上阕即景抒情，将读者带入历史的沉思；下阕刻画周瑜的潇洒风姿，继而感慨身世及人生无常。词篇气势恢宏，是宋代豪放词的代表作。

经典赏析

卜算子

李之仪

我住长江头，君住长江尾。日日思君不见君，共饮长江水。此水几时休，此恨何时已。只愿君心似我心，定不负相思意。

青玉案

贺铸

凌波不过横塘路，但目送芳尘去。锦瑟华年谁与度？月桥花院，琐窗朱户，只有春知处。飞云冉冉蘅皋暮，彩笔新题断肠句。若问闲情都几许？一川烟

江城子 乙卯正月二十日夜记梦

苏轼

十年生死两茫茫。不思量，自难忘。千里孤坟，无处话凄凉。纵使相逢应不识，尘满面，鬓如霜。

夜来幽梦忽还乡，小轩窗，正梳妆。相顾无言，惟有泪千行。料得年年断肠处，明月夜，短松冈。

卜算子 黄州定慧院寓居作

苏轼

缺月挂疏桐，漏断人初静。谁见幽人独往来，缥缈孤鸿影。

惊起却回头，

残云无意绪,寂寞朝朝暮
暮。今夜山深处,断魂分付
潮回去。

洞仙歌

李元膺

雪云散
尽,放晓晴池
院。杨柳于人便青眼,更风
流多处,一点梅心,相映远,
约略颦轻笑浅。　一年春
好处,不在浓芳,小艳疏香
最娇软。到清明时候,百紫
千红,花正乱,已失春风一
半。早占取韶光共追游,但
莫管春寒,醉红自暖。

有 恨 无 人 省 。 拣 尽 寒 枝 不

肯 栖 ， 寂 寞 沙 洲 冷 。

贺新郎

苏 轼

乳 燕 飞

华 屋 ， 悄 无 人 、

桐 阴 转 午 ， 晚 凉 新 浴 。 手 弄

生 绡 白 团 扇 ， 扇 手 一 时 似

玉 。 渐 困 倚 、 孤 眠 清 熟 。 帘 外

谁 来 推 绣 户 ？ 枉 教 人 梦 断

瑶 台 曲 。 又 却 是 ， 风 敲 竹 。

石 榴 半 吐 红 巾 蹙 ， 待 浮 花

浪 蕊 都 尽 ， 伴 君 幽 独 。 秾 艳

一 枝 细 看 取 ， 芳 心 千 重 似

束 。 又 恐 被 、 西 风 惊 绿 。 若 待

定 何 如。情 知 春 去 后，管 得

落 花 无？

芙 蓉 落

虞美人

舒 □

尽 天 涵 水，日

暮 沧 波 起。背 飞 双 燕 贴 云

寒，独 向 小 楼 东 畔 倚 阑 看。

浮 生 只 合 尊 前 老，雪 满

长 安 道。故 人 早 晚 上 高 台，

赠 我 江 南 春 色 一 枝 梅。

泪 湿 阑

惜分飞 富阳僧舍作别语赠妓琼芳

毛 滂

干 花 著 露 愁，

到 眉 峰 碧 聚。此 恨 平 分 取，

更 无 言 语 空 相 觑。 断 雨

得 君 来 向 此，花 前 对 酒 不

忍 触，共 粉 泪、两 簌 簌。

临江仙

苏 轼

夜 饮 东

坡 醒 复 醉，归

来 仿 佛 三 更。家 童 鼻 息 已

雷 鸣。敲 门 都 不 应，倚 杖 听

江 声。长 恨 此 身 非 我 有，

何 时 忘 却 营 营？夜 阑 风 静

縠 纹 平。小 舟 从 此 逝，江 海

寄 馀 生。

楷书技法

章法严谨：楷
书有多种布局方
法，但应字字独立，
讲究单字成章，行
气贯通，章法齐整。

向	向	两	两	夜	夜	我	我
枝	枝	待	待	粉	粉	触	触
复	复	忍	忍	雷	雷	寄	寄

盐角儿　亳社观梅
晁补之

开 时 似
雪 谢 时 似 雪。

花 中 奇 绝。香 非 在 蕊，香 非
在 萼，骨 中 香 彻。 占 溪 风，
留 溪 月，堪 羞 损、山 桃 如 血。
直 饶 更、疏 疏 淡 淡，终 有 一
般 情 别。

临江仙
晁冲之

忆 昔 西
池 池 上 饮，年
年 多 少 欢 娱。别 来 不 寄 一
行 书。寻 常 相 见 了，犹 道 不
如 初。 安 稳 锦 屏 今 夜 梦，
月 明 好 渡 江 湖。相 思 休 问

定风波

苏轼

莫听穿林打叶声，何妨吟啸且徐行。竹杖芒鞋轻胜马，谁怕？一蓑烟雨任平生。料峭春风吹酒醒，微冷，山头斜照却相迎。回首向来萧瑟处，归去，也无风雨也无晴。

满庭芳

秦观

山抹微云，天连衰草，画角声断谯门。暂停征棹，聊共引离尊。多少蓬莱旧

婉约词派 词按风格又分婉约、豪放两大类。婉约词派多写儿女之情，结构深细缜密，音律谐婉，语言圆润，清新绮丽，具有一种柔婉之美。代表人物如柳永、李清照。

宋词百科

断到黄昏。甫能炙得灯儿
了，雨打梨花深闭门。

洞仙歌 泗州中秋作
晁补之

青烟幂
处，碧海飞金

镜。永夜闲阶卧桂影。露凉
时，零乱多少寒螀。神京远，
惟有蓝桥路近。水晶帘
不下，云母屏开，冷浸佳人
淡脂粉。待都将许多明，付
与金尊，投晓共流霞倾尽。
更携取胡床上南楼，看玉
做人间，素秋千顷。

洞仙歌，原是歌咏洞府神仙的，晁补之的《洞仙歌》是首赏月词。词上阕写中秋室外夜景，下阕写室内宴饮赏月，场景从天上到人间，又从人间到天上，境界阔大，想象丰富。

经典赏析

事，空回首，烟霭纷纷。斜阳
外，寒鸦万点，流水绕孤村。
销魂。当此际，香囊暗解，
罗带轻分。谩赢得青楼，薄
幸名存。此去何时见也，襟
袖上，空惹啼痕。伤情处，高
城望断，灯火已黄昏。

减字木兰花
秦 观

天涯旧
恨，独自凄凉
人不问。欲见回肠，断尽金
炉小篆香。　　黛蛾长敛，任
是春风吹不展。困倚危楼，
过尽飞鸿字字愁。

踏莎行 郴州旅舍

秦观

雾失楼台，月迷津渡，桃源望断无寻处。可堪孤馆闭春寒，杜鹃声里斜阳暮。 驿寄梅花，鱼传尺素，砌成此恨无重数。郴江幸自绕郴山，为谁流下潇湘去？

鹧鸪天

无名氏

枝上流莺和泪闻，新啼痕间旧啼痕。一春鱼鸟无消息，千里关山劳梦魂。 无一语，对芳尊，安排肠